DE LA PROPRIÉTÉ

DES

RIVAGES DE LA MER

ET AUTRES

DÉPENDANCES DU DOMAINE PUBLIC

ÉTUDE SUR LES PRINCIPES DE LA LÉGISLATION DOMANIALE

PAR GAY

ADMINISTRATEUR DE L'ENREGISTREMENT, DES DOMAINES ET DU TIMBRE EN RETRAITE
OFFICIER DE LA LÉGION D'HONNEUR

Prix : 1 franc

PARIS
COTILLON, ÉDITEUR, LIBRAIRE DU CONSEIL D'ÉTAT,
24, RUE SOUFFLOT, 24.

1870

DE LA PROPRIÉTÉ

DES

RIVAGES DE LA MER

ET AUTRES DÉPENDANCES DU DOMAINE PUBLIC.

Paris. — Imprimerie de Cusset et Ce, 26, rue Racine.

DE LA PROPRIÉTÉ

DES

RIVAGES DE LA MER

ET AUTRES

DÉPENDANCES DU DOMAINE PUBLIC

ÉTUDE SUR LES PRINCIPES DE LA LÉGISLATION DOMANIALE

PAR GAY

ADMINISTRATEUR DE L'ENREGISTREMENT, DES DOMAINES ET DU TIMBRE EN RETRAITE

OFFICIER DE LA LÉGION D'HONNEUR

PARIS

COTILLON, ÉDITEUR, LIBRAIRE DU CONSEIL D'ÉTAT,

24, RUE SOUFFLOT, 24.

1870

PRÉFACE.

Les échanges d'idées entre les hommes de théorie et les hommes de pratique sont, en toutes matières, regardés commes utiles; et la science du droit n'est peut-être pas celle au progrès de laquelle ils importent le moins.

Est-ce une raison suffisante pour que cette étude, soumise à l'appréciation des jurisconsultes, ne passe pas entièrement inaperçue?

Nous voudrions, en la publiant, faire appel à l'opinion et la mettre, s'il est possible, en demeure de prendre parti dans un débat important. Si ce dernier effort d'une carrière vouée au service de l'Etat peut atteindre son but, un résultat considérable aura, du moins, été obtenu: éclairé par une discussion publique, le débat se poursuivra dans les conditions les plus favorables à la manifestation et au triomphe de la vérité.

DE LA PROPRIÉTÉ

DES

RIVAGES DE LA MER

ET AUTRES DÉPENDANCES DU DOMAINE PUBLIC.

Les rivages de la mer appartiennent-ils à l'Etat? Comme propriétaire de ces rivages, l'Etat peut-il en affermer des portions?

Ces questions ont été élevées devant la Cour impériale de Caen à l'occasion de la demande en nullité du bail d'une partie de la plage de Langrune, consenti par l'Etat à la commune de ce nom, en vue de l'établissement de bains de mer.

Le bail a été annulé par un arrêt du 21 août 1866 (Dalloz, 1867, 2, 221) fondé principalement sur les motifs suivants :

« Considérant qu'aux termes de l'art. 558 du Code « Napoléon les rivages de la mer sont considérés comme « une dépendance du domaine public; qu'à ce titre ils « ne sont susceptibles ni d'une propriété privée ni d'une « possession individuelle; qu'ils sont destinés et asservis « à l'usage de tous; qu'ils sont hors du commerce et ne « peuvent dès lors faire l'objet d'une convention;

« Que l'Etat lui-même a sur eux moins un droit de « propriété qu'un simple droit de protection et de sur- « veillance dans un intérêt général;

« Considérant que si, aux termes de l'art. 714 du Code » Napoléon, il lui appartient, en vertu de ces devoirs de « haute administration, de déterminer par des règle- « ments de police le mode de jouissance des biens dé- « pendant du domaine public, il ne peut créer au béné- « fice d'un seul un droit exclusif à un usage qu'il doit « garantir indistinctement à tous. »

Le pourvoi formé par l'Etat contre cet arrêt a été re- jeté par un arrêt de la chambre civile de la Cour de cas- sation ainsi conçu :

« Attendu que, si l'Etat a sur le domaine public un « droit général, en vertu duquel il peut, à la condition « de respecter la destination de ce domaine, concéder « certaines jouissances sur les choses qui en dépendent, « ce droit ne saurait aller jusqu'à permettre à l'Etat ou « aux administrations qui le représentent de se réserver « ou de conférer des priviléges ou des monopoles sur « les choses et de conférer à un seul l'exercice du droit « qui appartient à tous;

« Attendu que l'acte par lequel le préfet du Calvados, « agissant comme représentant l'Etat, a donné à bail à « la commune de Langrune une partie de la plage de ce « nom pour une durée de trois années, a eu pour résul- « tat de mettre à la disposition de ladite commune le « droit exclusif qu'elle a sous-loué, en effet, à Roussel « pour la même durée, d'avoir des cabanes à l'usage des

« baigneurs dans toute l'étendue de la plage louée par « le domaine ;

« Attendu que les rivages de la mer sont une partie du « domaine public, et que tout le monde a le droit d'y « exercer les usages divers qu'ils comportent ; qu'il n'ap- « partenait pas dès lors au préfet du Calvados, comme « représentant l'Etat, d'accorder à la commune la faculté « de conférer à un seul, en excluant toute concurrence, « le droit essentiel pour les établissements de bains d'une « station maritime de mettre des cabanes sur la plage ; « d'où il suit qu'en décidant ainsi, et, en conséquence, « en confirmant le jugement qui avait annulé le bail « consenti par le préfet du Calvados à la commune de « Langrune et par suite celui que cette commune a « passé à Roussel, l'arrêt attaqué, loin d'avoir violé les « dispositions de la loi et les principes invoqués par le « pourvoi, en a fait au contraire une application exacte « aux faits de la cause ;

« Rejette, etc. »

L'un des baux de portions de plages consentis par l'Etat, en grand nombre, et tous dans des conditions identiques, en vue d'établissement de bains de mer, étant ainsi annulé, on peut s'attendre à d'autres demandes en nullité fondées sur les motifs des arrêts de la Cour de cassation et de la Cour impériale de Caen.

Les motifs de l'arrêt de la Cour de cassation se réduisent en substance à dire que la permission accordée, moyennant loyer, de construire des cabanes de baigneur sur une portion de la plage de Langrune a constitué un monopole, en attribuant à un seul une faculté qui appartenait à tous.

Loin, cependant, d'être permise à tous, la construction de cabanes sur les bords de la mer est, au contraire, rigoureusement interdite à tous par l'ordonnance sur la marine de 1681, portant :

« Faisons défense à toutes personnes de bâtir sur les « rivages de la mer, d'y planter aucuns pieux, ni de faire « aucun ouvrage qui puisse porter aucun préjudice à « la navigation, à peine de démolition des ouvrages, « de confiscation des matériaux et d'amende arbitraire. »

Modifiée seulement dans celles de ses prescriptions que notre système actuel de pénalités ne permet pas d'appliquer, cette ordonnance n'a pas cessé de régler la police des rivages, et c'est par dérogation à ses dispositions que l'administration accorde, moyennant loyer, quand les besoins des services maritimes ne s'y opposent pas, des permissions de construire, sur des portions désignées de plages, des cabanes de baigneurs.

Exclusifs et privilégiés sans doute, les droits résultant de ces permissions ne sauraient être rangés au nombre des monopoles que la loi prohibe. Ils ne diffèrent en rien, quant à leur nature et leur caractère, du droit exclusif et privilégié qu'a tout propriétaire sur sa chose et tout locataire sur la chose louée.

Et que pourrait donc faire l'administration pour entrer dans les vues de la Cour de cassation au sujet de ces permissions de construire des cabanes de baigneurs ?

Faut-il que les ingénieurs des ports se bornent à indiquer, sur les plages, l'emplacement où les constructions pourraient être faites par les plus diligents? Ce serait, non sans quelque inconvénient peut-être au point de vue de la paix publique, ouvrir la lice à une concurrence désordonnée, pour le seul avantage d'ajourner ce qu'on qualifie de monopole jusqu'au moment où, l'emplacement entier ayant été utilisé, il ne resterait plus rien à faire pour ceux qui viendraient.

Veut-on que les permissions cessent d'être accordées moyennant loyer? Mais, puisqu'elles ont une valeur, il n'y a pas de raison pour les concéder gratuitement; ce serait sacrifier à l'intérêt de quelques-uns celui de tous. Il arrive en outre que plusieurs demandes de permission sont faites en concurrence pour le même emplacement, et il est alors de toute nécessité d'ouvrir des enchères, à moins qu'on ne renie tous les principes et toutes les traditions d'une administration régulière en remettant à l'arbitrage discrétionnaire de la faveur le choix à faire entre les concurrents.

Faudrait-il rentrer d'une manière absolue dans les termes de l'ordonnance de 1681, et supprimer purement et simplement les permissions de construire des cabanes de baigneurs? Ce serait supprimer dans une certaine mesure les bains de mer, sans profit pour personne, et au préjudice de nombreux intérêts, de la santé publique, et des aisances de la population entière.

L'application des lois prohibitives des voies de fait et entreprises sur les rivages de la mer est dans les attributions exclusives du gouvernement, seul juge aussi des tempéraments que ces lois peuvent comporter; il s'ensuit que la permission de construire des cabanes sur une portion désignée de la plage de Langrune avait été donnée à la commune de ce nom dans l'exercice régulier des pouvoirs de l'administration.

On ne peut, d'après cela, se défendre des doutes les plus sérieux sur le point de savoir si la Cour de cassation n'a pas excédé la compétence du pouvoir judiciaire en s'attribuant la connaissance de l'exception de monopole dont il a été argué pour contester la validité de cette permission (1).

Une question de monopole, vaguement formulée, et ne portant sur aucun droit légal articulé en termes précis, ne saurait, en effet, être considérée comme une question de propriété.

Or, si le gouvernement est justiciable des tribunaux ordinaires pour ceux de ses actes qui peuvent porter atteinte au droit de propriété mis spécialement par la loi sous leur sauvegarde, cette exception au principe constitutionnel de la séparation des pouvoirs administratif et judiciaire ne saurait être étendue.

---

(1) La validité du bail d'une partie de la plage de Boulogne a été contestée sur le motif que l'une de ses clauses avait constitué un monopole, et la contestation a donné lieu à un pourvoi devant le Conseil d'État, sur lequel il est intervenu un décret du 30 avril 1863 (Dalloz, 1863, 3, 64). Comment échapper à ce dilemme qu'il a été empiété, ou par ce décret sur les attributions de la justice, ou par l'arrêt du 7 juillet 1869 sur celles de l'administration? Les sphères d'action de la justice et l'administration sont, en effet, essentiellement distinctes, et il semble impossible qu'une même question soit à la fois du ressort de l'une et de l'autre.

Si, dans les procès qui s'élèveront, cette vague imputation de monopole était de nouveau produite comme raison d'annuler des permissions de construire des cabanes de baigneurs, il semble que l'administration devrait, pour toute défense sur ce chef, opposer un déclinatoire, et élever, au besoin, le conflit.

En ce qui concerne les motifs de l'arrêt de la Cour impériale de Caen, ils sont d'une portée dont il serait difficile de ne pas être frappé.

L'art. 714 du Code Napoléon est, dans l'opinion de cette Cour, applicable aux rivages de la mer et autres biens désignés dans l'art. 538 ; ces biens, dont l'usage est commun à tous, n'appartiennent donc à personne, et ne peuvent faire l'objet d'aucune convention. La mission de l'Etat, en ce qui les concerne, se borne à en assurer la conservation et la police.

Cette doctrine ne tend à rien moins qu'à saper dans leur fondement les actes presque journaliers par lesquels l'Etat dispose, comme propriétaire, à des conditions et sous des formes diverses, de portions du rivage de la mer et d'autres dépendances du domaine public.

Il y a donc intérêt sérieux à l'examiner d'une manière aussi approfondie que possible, d'autant plus qu'elle s'appuie sur des ouvrages de droit justement estimés et très-répandus, dont les théories, en ce qui concerne la propriété des biens du domaine public, à peine contestées dans le domaine de la spéculation, ont obtenu de la Cour de Caen leur première sanction dans le domaine des faits.

Nous aurons ainsi, en combattant cette doctrine, à

nous élever contre de graves autorités ; mais nous écrivons avec la hardiesse que les fortes convictions inspirent et font, au besoin, pardonner ; nous sommes aussi soutenu par la confiance de plaider une cause déjà gagnée dans l'opinion du plus grand nombre. Combien de personnes en effet seront étonnées d'apprendre que le droit de la nation française à la propriété de ses rivages est mis en question ?

Il est impossible d'admettre, il répugne, nous osons presque le dire, à la raison qu'un peuple ne soit pas propriétaire de tout le territoire compris dans ses frontières. Les parties du territoire que le peuple ne possède pas divisément ou à l'état de propriétés privées, il faut donc absolument qu'il les possède à l'état de propriété indivise ou nationale.

Le droit de l'Etat à la propriété des rivages de la mer s'est d'ailleurs manifesté de tout temps par des actes dont on n'a jamais jusqu'à ce jour contesté la validité. Il suffira de citer, comme exemple, les aliénations qui se font assez fréquemment de zones des rivages et de zones contiguës du lit de la mer susceptibles d'être desséchées, en vue de la création de polders à l'imitation, sur une moindre échelle, de ceux de la Hollande.

L'Etat a donc le droit de vendre des portions de plages ; comment admettre alors qu'il n'ait pas le droit de donner à bail des portions de plages ?

La vente est le transfert de tous les droits inhérents à la propriété, et la location le transfert de quelques-uns de ces droits. Le pouvoir de disposer de l'entier n'emporte-t-il pas évidemment celui de disposer d'une fraction, et ne s'ensuit-il pas que le droit de louer est dans celui d'aliéner comme la partie dans le tout?

Quand l'Etat vend un bien dépendant du domaine public, il l'enlève pour toujours à sa destination, il le déclasse définitivement. L'effet d'un bail est beaucoup plus restreint; il ne produit de déclassement que pour la durée de la location et dans la mesure de la jouissance concédée au locataire. Comment un déclassement partiel et temporaire des biens du domaine public excéderait-il la compétence du pouvoir qui peut déclasser ces biens d'une manière complète et irrévocable? A qui peut exploiter ou vendre l'arbre conteste-t-on le droit de l'élaguer ou d'en cueillir les fruits?

Le gouvernement ne pourrait, sans manquer à ses devoirs, se dispenser d'aliéner les portions du domaine public susceptibles d'être distraites de ce domaine. Un intérêt dont il ne saurait se préoccuper avec trop de sollicitude, celui de la masse des contribuables, lui fait une loi de ne négliger aucune des sources autres que l'impôt auxquelles s'alimente le revenu public. Il faut que les besoins des services publics auxquels est affectée une portion du territoire, besoins naturellement variables, soient incessamment surveillés, et contenus dans leurs plus strictes limites, et que tout immeuble dont un service peut se passer soit immédiatement mis en vente, afin de faire ressource du prix pour le trésor, et de diminuer d'autant les sacrifices à imposer aux citoyens pour l'acquittement des charges publiques.

Il y a même raison pour tirer, par voie de location, le meilleur parti possible des immeubles nécessaires aux services publics, mais qu'ils n'occupent pas en totalité et d'une manière permanente. Pourquoi, en effet, un emplacement que le chômage d'un service laisse disponible, ou que ses exigences du moment ne réclament pas, ne serait-il pas, si faire se peut, utilisé pour le public d'une autre manière? Un gouvernement qui, négligeant les produits accidentels et temporaires des biens du domaine public, frustrerait les contribuables du soulagement que la perception de ces produits doit leur procurer, serait tout aussi justement taxé d'incurie qu'une compagnie de chemin de fer qui laisserait sommeiller dans ses caisses, au lieu de les utiliser, les fonds sans emploi, et diminuerait le revenu des actionnaires de tout ce que les intérêts de placements permettent d'ajouter aux dividendes.

La gestion des biens du domaine public impose ainsi à l'Etat un double devoir : il doit, en premier lieu, les utiliser pour leur destination en assurant les services auxquels ils sont affectés; et il ne lui est permis, en second lieu, de négliger aucune des ressources qu'il est possible d'en tirer au profit des intérêts généraux du pays, spécialement au point de vue financier.

L'accomplissement de la dernière partie de sa tâche suppose le libre exercice du droit de propriété que la doctrine de la Cour de Caen lui dénie.

Notre principal point d'appui contre cette doctrine c'est, nous l'avons déjà dit, le consentement universel qui attribue à chaque peuple la totalité de son territoire, d'où résulte que toute portion du territoire qui n'appartient pas à ce peuple *ut singuli* ou à l'état de propriété privée, lui appartient *ut universi* ou à l'état de propriété nationale. Ce corollaire nécessaire d'un axiome incontesté s'est imposé à tous les législateurs, et s'est inscrit dans tous les Codes, sous la forme généralement adoptée d'attribution à l'Etat des biens sans maître. Dans tous les pays, en effet, de l'Europe et probablement du monde, l'Etat, ou le souverain dans lequel il se personnifie, est saisi de tout ce que le droit privé ne réclame pas, et succède au droit privé venant à défaillir, maître de tous les biens qui n'ont pas de maître, héritier de toutes les personnes qui ne laissent pas d'héritiers.

Une portion démembrée de la souveraineté a longtemps été, en France, aux mains des titulaires de fiefs. Le droit aux biens sans maître était alors, sur une partie du territoire, seigneurial. L'absorption des souverainetés locales dans la royauté en a fait plus tard un droit exclusivement régalien. Changeant de nom sans changer de nature, sous les institutions nouvelles que la France s'est données, ce droit a été enfin consacré comme national par l'art. 539 du Code Napoléon.

Les législateurs sont peu dans l'usage de se répéter; sûrs d'être entendus, c'est assez qu'ils aient parlé une fois. Il n'a pas suffi cependant au rédacteur du Code de poser dans l'art. 539, au livre II, le principe fondamental de la législation domaniale; il l'a proclamé encore en tête du livre III, art. 713.

L'origine de ce principe se lie étroitement à celle de l'institution même du droit de propriété.

Il est généralement admis, et rien, en effet, n'est plus vraisemblable, que la propriété immobilière a commencé par l'occupation; que les premiers propriétaires du sol, reconnus comme tels entre les hommes, n'avaient d'autre titre que celui de premiers occupants. Et, cependant, on ne trouve dans les Codes d'aucun peuple, à quelque époque ancienne qu'on puisse remonter, de loi suivant laquelle la propriété immobilière s'acquière par la seule occupation. Pourquoi? Parce qu'il n'existe aucune trace de lois antérieures à la constitution des nations, et que jamais un peuple constitué n'a reconnu le droit du premier occcupant comme un moyen d'acquérir la propriété immobilière. C'est en effet seulement sur des biens vacants que ce droit peut s'exercer. Mais puisque chaque peuple est propriétaire de tout ce qui est renfermé dans ses frontières, il s'ensuit qu'il ne peut y avoir sur le territoire d'un peuple constitué que des propriétés particulières et des propriétés nationales, et jamais des biens vacants.

La souveraineté nationale, dont la propriété nationale est l'inséparable attribut, et le droit du premier occupant, en tant qu'il peut s'appliquer aux immeubles, n'ont donc jamais existé ensemble sur le même territoire. Ils marquent dans la vie des peuples des ères distinctes et successives : l'une, transitoire comme l'état sauvage, et finissant avec lui; l'autre, ouverte, pour durer toujours, par la civilisation, état définitif et normal de l'humanité.

Tant que les hommes ont vécu isolés et sans lien

entre eux, ils ont choisi librement l'emplacement sur lequel il leur convenait de s'établir. Leur possession était leur titre de propriété. Il n'existait pas de pouvoir social qui pût leur en délivrer et leur en garantir un autre. Leurs besoins communs et l'instinct de sociabilité les ont peu à peu rapprochés, et la réunion des familles et des tribus a formé les peuples. Comme les hommes et les familles avaient occupé des champs, les peuples ont occupé des territoires, et cette première organisation des sociétés a nécessairement emporté celle d'un pouvoir social investi, dans la limite des frontières fixées par lui, de la propriété du sol, sauf les droits privés qu'il a reconnus ou constitués.

Cette substitution de la loi de la propriété nationale à celle de la première occupation s'opère maintenant encore sous nos yeux chaque fois que la colonisation soumet à un peuple civilisé une terre précédemment inhabitée ou occupée par des tribus sauvages. Partout où est implanté le drapeau métropolitain, en même temps que la souveraineté nationale s'impose, la propriété nationale prend son assiette. La loi du premier occupant s'efface faute de terrains vacants auxquels elle puisse être appliquée, et la propriété privée est fondée au profit des colons par concessions émanées du pouvoir social.

Ainsi la vie sociale, refoulant devant elle la vie sauvage et ses institutions primitives, et étendant les bienfaits de la civilisation, s'avance sur le globe dont elle poursuit lentement, mais irrésistiblement, la conquête.

Les anciennes possessions fondées sur le droit du premier occupant ont-elles, lors de la constitution des peuples, été respectées? C'est une question à laquelle il serait impossible de répondre d'une manière générale. Il faudrait l'étudier spécialement, et avec peu d'espoir de la résoudre, pour chaque nation. En est-il, d'ailleurs, une seule qui puisse, à la face de l'histoire, se vanter d'une origine entièrement pure des iniquités pratiquées comme droits de la guerre, jusqu'à l'époque, relativement récente, où ces droits ont été limités par les progrès de la civilisation et l'adoucissement des mœurs (1)?

Le plus vraisemblable est que les anciennes possessions ont été interverties et que les peuples nouvellement constitués ont disposé en maîtres des territoires sur lesquels ils s'étaient établis.

Le pouvoir national naissant n'était pas obligé, quoi qu'il en soit, d'admettre et de respecter, sans examen et sans vérification, les possessions existantes, et, à côté des propriétaires institués par lui, il n'a probablement reconnu que ceux à qui il a délivré des titres confirmatifs.

---

(1) On sait que les droits de propriété privée acquis en Algérie avant l'occupation française ont été scrupuleusement maintenus; et il résulte d'un rapport adressé par M. Sigfried au ministre du commerce, et inséré dans le *Moniteur* du 25 novembre 1868, que la propriété privée a été traitée avec le même respect dans la Cochinchine française. Bien différents furent, dans les premiers âges de l'histoire, les procédés de la conquête; lors de la dissolution de l'empire romain d'Occident et au commencement du moyen âge, époques de la constitution de presque toutes les nations de l'Europe, la conquête avait encore pour résultat ordinaire l'expropriation générale du peuple vaincu.

La propriété privée a tenu ainsi ses droits, ou reçu du moins une sorte d'investiture, des mains de la nation restée saisie de tout ce qu'elle n'a pas abandonné soit à d'anciens, soit à de nouveaux possesseurs.

La propriété nationale n'a d'ailleurs été démembrée au profit de la propriété privée que sous la condition de mise en valeur des terres; cette condition n'a pu être omise dans aucun des contrats primitifs. Elle importait à l'existence même du peuple que son sol devait nourrir, et a consacré dans toutes les sociétés, au moment même où elles se sont constituées, et antérieurement à toute loi écrite, le principe de la loi naturelle suivant lequel le droit à la propriété privée ne s'acquiert que par le travail.

Ainsi, à mesure que les hommes se sont civilisés, le droit d'occupation a cessé d'être exercé par les individus; il a été exercé par les peuples, et a créé la propriété nationale, principal fondement elle-même de la propriété individuelle.

Il manquait d'ailleurs au droit de propriété privée, tant que les sociétés n'ont pas été formées, la garantie du pouvoir national. Le droit de propriété n'était soutenu en effet, dans la vie sauvage, que par la légitime résistance de l'occupant, et par l'équité, impuissante contre la force. Il n'existait donc qu'à l'état d'idée, et autant que l'idée d'un droit a pu être comprise et acceptée dans cette période d'enfance de l'humanité; il n'a vraiment pris de consistance et n'a existé à l'état de réalité que depuis la constitution des nations, et par l'effet du baptême régénérateur qu'elles lui ont donné en lui imprimant le sceau de leur puissance.

Quant aux portions de territoire non laissées ou remises par le pouvoir national à la propriété privée, le droit résultant pour le peuple de l'occupation s'est évidemment maintenu.

Telle nous paraît être l'origine du principe de la propriété nationale inscrit dans les art. 559 et 715, du Code Napoléon ; quant aux termes dans lesquels il est formulé, ils ne laissent aucune prise au doute, et l'on peut, en France au moins, dire avec une certitude absolue que tout bien qui n'est pas occupé par la propriété privée, ou justement revendiqué par elle, appartient à l'Etat.

Entendu et appliqué dans sa généralité, ce principe résout la question de propriété des mines, question si souvent controversée (1), si diversement résolue, et qui, tranchée législativement en 1810 au point de vue des applications pratiques les plus usuelles, n'a pas cessé cependant d'offrir de l'intérêt.

Du moment, en effet, où il est reconnu que toute partie du territoire qui n'est pas propriété privée est propriété nationale, il suffit, pour justifier du droit de l'Etat sur les mines, d'écarter les revendications du propriétaire de la surface et de l'inventeur.

---

(1) Les phases diverses et laborieuses de cette discussion sont notamment rappelées dans un savant travail sur la propriété souterraine, publié en 1857 et 1858 dans la *Revue des Deux-Mondes*, par M. Lamé Fleury, ingénieur en chef des mines.

Le propriétaire de la surface ne peut invoquer, quant aux gîtes souterrains, titre ni possession.

Il n'a pas de titre ; ses auteurs n'ont pu lui transmettre de droits que ceux qu'ils avaient eux-mêmes. Or, aucun de ces auteurs, en remontant même, à travers la nuit des âges, jusqu'au premier, n'a eu de titre applicable aux gîtes souterrains. Que cet auteur originaire ait été ou un premier occupant ou un concessionnaire du pouvoir national, il est évident que ni la première occupation ni la concession ne se sont étendues à des mines ignorées.

Le propriétaire de la surface ne peut invoquer non plus, quant aux gîtes souterrains, de possession utile pour fonder la propriété. Pour servir de fondement au droit de propriété, le fait de la possession doit être accompagné de l'intention d'être propriétaire : qui pourrait exiger d'autrui le respect d'un droit de propriété dont il n'a pas lui-même la conscience? Or, d'une part, en exploitant le sol, le propriétaire de la surface n'a pas fait acte de possession de gîtes souterrains parfaitement distincts du sol, et il est évident, d'une autre part, qu'il n'a pu avoir l'intention d'être propriétaire de mines dont il ne soupçonnait pas l'existence.

Le propriétaire de la surface, pour qui ces gîtes ignorés n'ont été l'occasion d'aucun travail donnant au droit de propriété une équitable raison d'être, invoquerait d'ailleurs vainement, comme un bienfait arbitraire de la loi, l'art. 552 du Code Napoléon, ainsi conçu :

« La propriété du sol emporte la propriété du dessus
« et du dessous.

« Le propriétaire peut faire au-dessus toutes les plantations et constructions qu'il juge à propos, sauf les
« exceptions établies au titre des Servitudes ou services
« fonciers.

« Il peut faire au-dessous toutes les constructions ou
« fouilles qu'il jugera à propos et tirer de ces fouilles
« tous les produits qu'elles peuvent fournir, sauf les
« modifications résultant des lois et règlements relatifs
« aux mines et des lois et règlements de police. »

On pourrait dire que les mines ont été réservées par la disposition finale de cet article; mais on sera plutôt dans le vrai en reconnaissant qu'elles n'ont pas été comprises dans la disposition initiale.

Qu'est-ce en effet que le dessus et le dessous au sujet desquels il est disposé? Ces mots peuvent-ils être pris dans un sens absolu? Non, évidemment.

C'est, d'après la rubrique du chapitre, du droit d'accession qu'il s'agit dans l'article, et il s'ensuit que l'application doit en être restreinte à ce qu'on peut considérer comme l'accessoire de la propriété du sol; ce qui ne peut s'entendre d'une colonne d'air d'une hauteur infinie ou d'une épaisseur infinie de tréfonds, mais seulement de la portion du dessus et du dessous dont il est nécessaire d'user pour jouir complétement de la superficie.

En aucun cas le législateur n'a pu, en fixant la portée du droit de propriété, faire abstraction des conditions de l'humanité; et c'eût été vraiment faire dévier la loi dans le domaine de la chimère qu'exagérer ce droit au point de l'étendre jusqu'à l'infini dans les hauteurs de l'atmosphère et dans les profondeurs de la croûte terrestre, voire même du feu central. Les lois ne concèdent et ne reconnaissent en général que des droits limités, comme toutes choses en ce monde, et il semble que celui qui est attribué au propriétaire foncier doit avoir des bornes, même dans la hauteur et la profondeur. Il s'arrête évidemment à la surface là où commence celui du propriétaire voisin ; moins tangibles sans doute, les limites en paraissent fixées, dans la hauteur et la profondeur, d'une manière tout aussi décisive par la possession soit effective, soit prévue et possible. Le sous-sol que le propriétaire foncier possède est celui qui supporte ses bâtiments, que retourne sa charrue, où plongent les racines de ses arbres, où il creuse des puits, où il pratique des fouilles, suivant l'usage, pour se procurer des sables, des pierres, de la marne; là se bornent non-seulement sa possession de fait, mais sa possession d'intention; là s'arrête son droit, hors de l'atteinte et de la portée duquel sont certainement restés les étages du sol autres que celui dont il a entendu faire le siége de son exploitation et de sa jouissance.

Quant à l'inventeur, à quel titre revendiquerait-il la mine?

Ce n'est pas en vertu du droit de première occupation, aboli à mesure que les sociétés y ont substitué, en s'organisant, le principe de la propriété nationale.

Il est de principe que toute propriété nouvelle appartient à celui qui l'a créée. Comme conséquence de l'empire accordé à l'homme sur la nature, comme reconnaissance et consécration du droit qui s'acquiert par le travail, ce principe ressort de la loi naturelle, et a vraisemblablement été admis dans toutes les législations. Il s'applique aux objets nouveaux produits par ces innombrables transformations que l'industrie et le génie inventif de l'homme font subir à la matière ; mais l'application ne peut en être réclamée par l'inventeur d'une mine, quelque droit qu'il ait à la reconnaissance publique, pour avoir révélé une richesse ignorée et souvent très-précieuse. Peu d'hommes assurément ont mieux mérité de leur pays et du genre humain tout entier que l'inventeur de la première mine de houille ; on n'hésiterait pas à inscrire son nom, s'il était connu, parmi ceux des bienfaiteurs de l'humanité ; mais il ne sera jamais accordé qu'il ait créé le combustible minéral plus que Christophe Colomb n'a créé l'Amérique.

Il n'y a pas de raison, enfin, pour que la propriété de la mine soit le prix du service rendu à la société par celui qui l'a découverte. Ce n'est pas seulement à l'occasion des recherches de mines que le travail et l'intelligence d'un particulier procurent à autrui un bénéfice. Le même fait se produit dans un grand nombre d'autres circonstances, et la loi a fixé les droits et obligations auxquels il donne naissance. Celui dont l'affaire a été bien administrée doit, suivant l'art. 1375 du Code Napoléon, indemniser celui qui a agi dans son intérêt de tous les engagements personnels qu'il a pris, et lui rembourser toutes les dépenses utiles et nécessaires qu'il a faites. La nation enrichie par la découverte d'une ressource inconnue de son territoire n'est pas tenue envers l'inventeur d'autre obligation que celle imposée par le droit commun à de simples particuliers dans des cas analogues. Que cet inventeur soit indemnisé de tous ses frais; qu'il lui soit, en outre, accordé une récompense proportionnée au service qu'il a rendu, et il aura obtenu non-seulement tout ce qui est dû d'après la justice la plus scrupuleuse, mais tout ce que peut raisonnablement accorder une bienveillante et généreuse équité.

Ni le propriétaire de la surface ni l'inventeur ne sont donc fondés à revendiquer les mines, et il s'ensuit qu'elles ne peuvent être considérées que comme des dépendances du domaine national non encore démembrées de ce fonds commun, et dont la propriété, comme biens sans maître, est attribuée à l'État par les art. 539 et 713 du Code (1).

(1) La prise de possession d'un territoire, dans les conditions fixées par la loi internationale, saisit la puissance occupante de tout ce qu'il comprend, gîtes souterrains aussi bien que champs et forêts, sauf les droits de propriété privée qu'elle juge équitable de reconnaître ou opportun de créer. Y a-t-il une raison pour que, sur le territoire métropolitain, le droit de propriété nationale soit régi, quant aux mines, par d'autres principes? Si, par l'effet de l'occupation, les mines de l'Algérie, de la Nouvelle-Calédonie, de la Cochinchine, sont devenues, comme on n'en peut douter, des propriétés nationales du peuple français, pourquoi l'occupation des Celtes, des Romains, des Francs, dont le peuple français exerce aujourd'hui les droits, n'aurait-elle pas eu pour résultat une semblable appropriation des mines du territoire de la France?

On peut, en faveur du droit de l'État à la propriété des mines, invoquer une sorte de consentement universel; presque partout en effet, dans le monde civilisé, c'est la nation, représentée par son gouvernement, qui dispose des mines par voie d'exploitation directe, d'aliénation ou de con-

Il est des biens non susceptibles de propriété privée, ou qui, à raison de leur nature même, sont toujours sans maître; ils appartiennent à l'Etat, aux termes des mêmes articles.

La Cour impériale de Caen dénie cependant à l'Etat la propriété des rivages de la mer, en se fondant sur les art. 538 et 714, qu'elle comprend tout autrement que nous.

L'art. 538, suivant la doctrine de cette Cour, aurait

---

cession; et il n'est peut-être pas un seul pays où la propriété des mines n'ait été, au moins à l'origine, l'un des apanages de la souveraineté populaire ou déléguée.

L'Angleterre et les États-Unis sont les seuls pays connus où des gîtes souterrains puissent être exploités sans concession émanée du gouvernement; des permissions d'exploiter ces gîtes y sont donc délivrées par les propriétaires du sol, et les prix stipulés pour ces permissions sont communément désignés sous le nom significatif de *royalties*.

Faites chaque année sur une grande échelle, les ventes de terres à défricher sont, aux États-Unis, une branche du revenu public, et elles comprennent, suivant le droit commun du pays, les gîtes souterrains. Si la loi en avait disposé autrement, et que la propriété du tréfonds ne suivît pas celle du sol, les ventes de domaines ne produiraient pas un dollar de moins, le budget fédéral aurait dans la concession des mines une ressource de plus, et des richesses enfouies, d'une valeur quelquefois incalculable, ne seraient pas à la disposition absolue de celui qui en est devenu propriétaire sans le savoir, au risque d'être perdues pour tout le monde par le fait de l'inertie ou du caprice d'une seule volonté.

L'exploitation de l'huile de pétrole crée depuis quelques années aux États-Unis des fortunes princières. Une intéressante étude sur cette industrie, publiée dans la *Revue des Deux-Mondes* en avril 1869, fait connaître les fabuleuses *royalties* payées pour la concession de quelques gîtes aux propriétaires de la surface. N'est-on pas fondé à dire que le véritable, le légitime héritier des *royalties* était le peuple dont la souveraineté est proclamée si hautement aux États-Unis, et que, par l'adoption de son régime légal sur la propriété souterraine, la nation offerte au monde comme le type le plus achevé de la démocratie, a sacrifié, en se dépouillant d'une partie de son patrimoine commun, l'intérêt de la généralité des citoyens à celui de quelques privilégiés choisis par le hasard?

dérogé aux art. 539 et 713, quant aux biens qu'il régit, biens sans maître et dont l'Etat cependant ne serait pas le maître, biens qui, n'étant pas propriétés privées, et par cela même que leur nature s'oppose à ce qu'ils soient propriétés privées, ne seraient pas non plus propriétés nationales.

Nous soutenons, au contraire, que, loin d'être une dérogation aux art. 539 et 713, l'art. 538 n'est que la consécration pour un cas particulier du principe de ces articles.

Toute la question est dans l'interprétation des derniers mots de l'art. 538, ainsi conçu :

« Les chemins, routes et rues à la charge de l'Etat, « les fleuves et rivières navigables et flottables, les ri- « vages, lais et relais de la mer, les ports, les havres, « les rades, et généralement toutes les portions du ter- « ritoire français qui ne sont pas susceptibles de pro - « priété privée, sont considérés comme des dépendances « du domaine public. »

Qu'est-ce donc que le domaine public? Est-ce le domaine de l'Etat, comme le trésor public est le trésor de l'Etat, comme l'*ager publicus* était, chez les Romains, le domaine rural de l'Etat? On pourrait le croire, à ne considérer que l'acception ordinaire des mots; et en effet, suivant le Dictionnaire de l'Académie (dernière édition, 1835), les mots domaine public seraient synonymes de domaine de l'Etat, et désigneraient les biens appartenant à l'Etat et dont les revenus se versent au trésor.

Et tel est aussi le sens que ces mots avaient d'abord

dans la langue spéciale du droit ; il est autrement sans doute aujourd'hui ; ce qui appartient à l'Etat et s'appelait indifféremment domaine de l'Etat ou domaine public, on s'est habitué à l'appeler domaine de l'Etat, réservant le nom de domaine public à tout ce qui est utilisé pour un usage public, abstraction faite du droit de propriété ; en telle sorte que le domaine public, ainsi entendu, comprend des immeubles appartenant aux départements et aux communes, comme les routes départementales et les chemins vicinaux et ruraux. Mais ce changement dans le vocabulaire du droit ne date pas de bien loin.

Toullier, qui, parmi les interprètes du Code, a été l'un des premiers en date, et restera toujours pour l'autorité l'un des premiers, paraît n'avoir eu aucune connaissance du sens moderne des mots domaine public. Ces derniers mots et ceux de domaine national et de domaine de l'Etat sont employés comme synonymes dans divers passages de son traité, et notamment dans la définition suivante, qui se lit à la page 23 du 3e volume (édition de 1839) : *on appelle domaine national ou domaine public tous les biens qui appartiennent à la nation ou à l'État.*

Dans le *Répertoire de jurisprudence* de Merlin, 3e édition publiée en 1807, on lit au mot *Domaine public*, que ce mot s'applique à ce qui était considéré, avant 1790, comme domaine du roi, et que le domaine public comprend, en conséquence, *avec les anciens biens patrimoniaux des rois de France*, la mer, les fleuves et rivières navigables, et les grands chemins. Dans le 5e volume de la 4e édition du même ouvrage publiée en 1812, on lit au mot Domaine du roi que ce domaine se confondait autrefois *avec les domaines de l'État ou, ce qui est la même chose, le domaine public;* et au mot Domaine public, que ces expressions désignent les biens dont l'Etat a la propriété et la jouissance. Au 5e volume de la 5e édition du même ouvrage publiée en 1827, les mots Domaine public sont définis exactement de la même manière.

Dans le *Répertoire de la législation* de Favard de Langlade, publié en 1823, il est dit, au mot Domaine public, qu'on entend par domaine public, les biens de l'Etat dont les produits sont versés au trésor royal pour être employés conformément à la disposition qui en est faite par le budget.

Le *Dictionnaire de droit* de Crivelli, publié en 1825, porte, au mot Domaine public, que les biens qui n'appartiennent pas à des particuliers, aux communes ou établissement publics forment le *domaine public de l'État.*

Dans la 1re édition de la *Jurisprudence générale,* publiée de 1825 à 1851, M. Dalloz n'a pas défini les mots domaine public; mais, si l'on consulte les explications données aux mots Domaine (vol. VI, p. 542) et Propriété (vol. XI, p. 449), on voit les mots domaine de l'Etat, domaine public et propriété nationale employés indifféremment pour désigner ce qui appartient à l'Etat.

Il n'y a donc pas bien longtemps, il n'y a pas quarante ans, qu'on donne aux mots domaine public un autre sens que celui de domaine national.

Ces mots n'ont pu évidemment être employés par le législateur que dans l'acception commune à l'époque où il disposait. Leur sens, dans tous les articles du Code où ils se trouvent, ressort d'ailleurs suffisamment du texte même.

L'art. 538 énumère, parmi les dépendances du domaine public, les routes à la charge de l'Etat et les lais et relais de mer. Or le domaine public, dans le sens moderne de ce mot, ne comprend pas, d'une part, les relais de mer qui sont des biens disponibles et aliénables, ne servant à aucune destination d'utilité publique, et il comprend, d'autre part, tous les chemins, qu'ils soient à la charge de l'Etat, des départements ou des communes.

Les art. 539, 540 et 541 classent dans le domaine public les biens sans maître de toute nature, les déshérences, le domaine militaire, et les biens ayant fait partie du domaine militaire, mais devenus inutiles à la défense du pays. Le domaine public, dans le sens moderne du mot, ne comprend ni les déshérences, ni les anciennes dépendances du service militaire abandonnées par ce service, ni les biens sans maître autres que ceux qui peuvent être affectés à des destinations d'utilité publique.

Si les mots domaine public de l'art. 540 avaient été employés dans le sens moderne, les mots *il en est de même* (au lieu de : *il en est autrement,* qu'il aurait fallu mettre), au commencement de l'article suivant, formeraient un véritable contre-sens, accusant une inadvertance difficile à supposer.

Enfin, ainsi qu'on l'a déjà dit, l'attribution à l'Etat des biens sans maître est formulée dans le Code à deux reprises, et la première fois dans ces termes : *appartiennent au domaine public*, la seconde fois en ceux-ci : *appartiennent à l'Etat*. La définition de ce qui, dans la langue du législateur, s'appelle le domaine public, est-elle encore à chercher? Ne la lisons-nous pas dans le rapprochement des art. 539 et 713, comme dans un glossaire promulgué avec le Code?

Est-il besoin de dire maintenant que, dans la langue de son temps, seule à son usage, la loi a statué pour tout le temps à venir, qu'elle doit être obéie dans ses commandements, quelque vieillie que l'expression puisse en paraître, et que la mission spéciale de ses interprètes est de démêler et de fixer ses intentions, sous toutes les variations que la nomenclature du droit peut subir, afin d'en assurer à perpétuité l'exécution?

Ainsi, les rivages de la mer et autres biens non susceptibles de propriété privée appartiennent à l'Etat. Il n'a pas été, il n'a pu être dérogé, en ce qui les concerne, aux art. 539 et 713. Qu'importe en effet, du moment où des biens n'ont pas de maître, que ce soit à cause de leur nature ou par circonstance ou accident? Ils ne sont pas, dans l'un plus que dans l'autre cas, propriétés privées; il faut donc qu'ils soient propriétés nationales. Telle est dans sa lettre, comme dans son esprit, la signification de l'art. 538.

La doctrine de la Cour impériale de Caen ne serait-elle pas toutefois mieux justifiée par l'art. 714, duquel il résulterait, suivant cette Cour, que les rivages de la mer, entre autres biens, n'appartiennent à personne?

L'art. 714, si tel en était le sens, mettrait, il faut en convenir, le législateur dans une étrange contradiction avec lui-même.

N'est-il pas disposé par les art. 539 et 713 que tous biens qui ne sont pas propriétés privées sont propriétés nationales? N'en ressort-il pas irrésistiblement qu'il n'est pas de bien en France qui, particuliers ou Etat, n'appartienne à quelqu'un? Comment comprendre et justifier l'incohérence d'une disposition subséquente qui réglerait la condition de biens n'appartenant à personne?

La vérité est que dans l'art. 714 il n'est nullement question de biens, si le nom de biens désigne, comme tout le monde au reste le reconnait, les choses susceptibles de propriété.

Les choses, en effet, mises par la Providence à la disposition de l'homme pour l'usage de la vie se trouvent, au point de vue de l'exercice du droit de propriété, dans des conditions profondément différentes, dont le champ qui nous nourrit et l'air que nous respirons offrent un exemple aussi frappant que familier.

La terre est susceptible de propriété. Elle se prête aux partages et aux possessions exclusives; elle ne peut, d'ailleurs, fournir aux besoins de la vie civilisée que lorsqu'elle est cultivée, et elle ne peut être cultivée qu'à la condition d'être appropriée; personne ne voudrait arroser de ses sueurs le champ dont il ne serait pas sûr de recueillir les produits. L'institution de la propriété du sol a donc été nécessaire, et c'est, d'ailleurs, une institution juste; la différence entre la nature sauvage et la nature cultivée est si grande que le champ nivelé, ameubli, amendé, régénéré, est en quelque sorte une chose nouvelle, produite par le travail, et qui ne pourrait être arrachée sans iniquité aux mains qui l'ont créée.

L'air n'est susceptible ni de partage ni de possession exclusive; à la différence de la terre, il ne nous a pas été donné à l'état, en quelque sorte, de matière brute à mettre en œuvre; la main bienfaisante qui l'a étendu autour de notre globe l'a composé de tous les éléments nécessaires à la vie. L'air n'est donc pas susceptible du droit de propriété dont le travail humain est le fondement et la raison d'être. L'idée de la propriété d'une portion de l'atmosphère ne s'est probablement jamais présentée à l'esprit de personne; notre raison la repousse à la fois comme une usurpation et comme une impossibilité.

Parmi les choses nécessaires ou utiles à la vie, il en est donc qui se refusent absolument à l'exercice du droit de propriété. On ne saurait en faire des parts. Elles restent en commun, en tant qu'elles sont à la portée de l'homme, et chacun en jouit, dans cette mesure, sans pouvoir empêcher qui que ce soit d'en jouir de la même manière. Cette communauté, cette promiscuité de jouissance pourraient n'être pas toujours sans inconvénient pour l'ordre public, et c'est à quoi il est pourvu par l'art. 714 ainsi conçu : « Il est des choses qui n'appar-
« tiennent à personne et dont l'usage est commun à

« tous. — Des lois de police règlent la manière d'en jouir. » Quels sont, en définitive, ces objets, non spécifiés dans l'article, dont la propriété n'est à personne, et dont l'usage est commun à tous, sauf le droit réservé à l'Etat de le régler?

Il est facile d'en citer plusieurs.

L'air, d'abord, et la lumière, sans que le pouvoir toutefois ait presque à intervenir pour prévenir des abus de jouissance à peine possibles, tant a été large la munificence avec laquelle l'auteur de la vie a prodigué à tous les êtres animés les premiers des éléments nécessaires à l'usage de son bienfait.

Malthus a craint que la production des subsistances ne pût suivre dans ses progrès ceux de la population; mais qui jamais s'est inquiété de la possibilité d'une multiplication des êtres vivants telle qu'il n'y ait plus pour chacun sa part d'air respirable et sa part de la chaleur et de la lumière du soleil?

Jamais on ne pourra déployer sur la terre et sur les mers assez d'ailes de moulin et de voiles de vaisseaux pour épuiser ce que l'atmosphère renferme dans son sein de force motrice.

L'air comprimé poursuit, au commandement des ingénieurs, l'œuvre gigantesque du percement du mont Cenis, et l'on pourrait lui faire produire à la fois sur tous les points du globe de pareils prodiges de force et de puissance sans qu'il y parût à un changement appréciable dans l'état de l'atmosphère.

L'usage de l'air et de la lumière est donc commun à

tous, sans autre règlement restrictif, ce semble, que celui qui limite la hauteur des maisons dans les villes, en attendant le moment, s'il doit venir, où, les aérostats étant devenus des moyens de communication, il deviendrait nécessaire de régler la police des routes aériennes.

Les divers agents naturels sont, pour ce qui concerne l'usage commun des hommes, dans les mêmes conditions que l'air et la lumière.

De même que la photographie et de nombreuses industries empruntent librement l'un de leurs éléments à la lumière et à la chaleur solaire, le fluide électrique sert à l'usage commun de ceux qui l'utilisent pour la galvanoplastie et de ceux qui en font leur rapide messager, sauf, en ce qui concerne cette dernière et merveilleuse application industrielle de l'électricité, les lois et règlements qui, dans certains pays, en réservent, le monopole à l'Etat.

Toutes les forces physiques et chimiques obéissent à ceux qui sollicitent leur action.

Le magnétisme terrestre répond à qui l'interroge en lui présentant l'aiguille d'une boussole; et, si le génie et l'audace d'un nouveau Prométhée dérobaient le secret d'utiliser pour les besoins des hommes l'électricité atmosphérique, l'atmosphère livrerait cette nouvelle force à qui voudrait la faire descendre des nuages, sauf à obvier par des règlements aux dangers de l'évocation d'un aussi formidable auxiliaire du travail humain.

Ce qui est vrai de la lumière du soleil l'est également

de la lumière de la science, cet autre soleil de l'humanité. Un homme ou un peuple peut-il se dire propriétaire du fonds d'idées sur lequel reposent la philosophie, la science, la littérature, les beaux arts? Un homme ou un peuple peut-il se dire propriétaire de ces notions industrielles qui dirigent et éclairent tous les efforts du travail et tous les emplois de l'activité humaine, et dont l'ensemble constitue l'encyclopédie des arts et métiers? Non sans doute. C'est que l'idée n'appartient à personne, pas même à celui que nous en disons l'auteur, et qui ne saurait, plus que l'inventeur d'une mine ou d'un continent, prétendre au titre de créateur. Il dépend sans doute de lui, en gardant l'idée comme enfouie, d'en retarder l'essor jusqu'au moment où elle sera conquise et propagée par d'autres; mais, une fois émise, il n'est pas en son pouvoir de la rappeler :

...Semel emissum volat irrevocabile verbum.

Quoi de plus irrésistible que la force d'expansion de l'idée qui formule et proclame une vérité utile? Ni frontières, ni montagnes, ni mers ne l'arrêtent. Plus forte que toutes les barrières placées entre les peuples par la politique ou par la nature, elle ne connait de limites dans l'espace ni dans le temps, et luit, comme des célestes hauteurs, pour tous les hommes et tous les siècles.

Le magnifique héritage intellectuel qui se transmet d'âge en âge, avec le tribut dont chaque génération l'a enrichi, n'est donc pas l'héritage d'une nation plus que celui d'un individu ; c'est l'héritage du genre humain tout entier. Il n'appartient à personne, et l'usage en est commun à tous.

Nombreux, comme le fait pressentir l'étendue d'une matière aussi vaste, les règlements intervenus sur cet usage ne peuvent être indiqués que partiellement. Les lois sur la propriété littéraire et sur les brevets d'invention ont pour but de concilier, dans une juste mesure, la jouissance commune de la pensée et la rémunération légitime des travaux de l'intelligence. Les lois sur la presse et sur l'imprimerie sont, dans une partie de leurs dispositions, des règlements restrictifs de la jouissance commune de la pensée. Toute loi qui crée un monopole de quelque nature que ce soit, qui interdit partiellement, ou, comme les règlements sur les établissements insalubres et incommodes, soumet à des conditions, une forme quelconque du travail, est une restriction à la jouissance commune des procédés industriels.

Les espèces animales sauvages n'appartiennent à personne. La faune entière de l'air, de la terre et des eaux n'est-elle pas un immense troupeau, qui n'a pas de propriétaire, et dont l'homme, roi de la création, est usager? L'appropriation du sol et de certaines eaux a créé pour l'exercice de la chasse et de la pêche des droits privilégiés; mais, sous la réserve de ces droits, l'usage du gibier et de toutes espèces animales non domestiquées est commun à tous. Les lois sur la chasse et sur la pêche règlent la police de cet usage, au point de vue notamment de la conservation des espèces, qui constituent le fonds sur lequel il s'exerce.

La haute mer n'appartient à personne. La jouissance commune en est réglée par les traités internationaux, et, pour les vaisseaux appartenant à une même nationalité, par les lois de chaque pays.

L'eau courante n'appartient à personne. La jouissance commune en est réglée par les lois sur la navigation fluviale, sur les irrigations, et sur l'emploi de l'eau comme force motrice.

Voilà de ces choses auxquelles s'applique l'art. 714, et, ainsi entendu, il ne contredit nullement les art. 539 et 715. Les trois articles se coordonnent très-naturellement, et statuent, dans l'ensemble de leurs dispositions, d'une manière complète, sur les choses non livrées à la propriété privée. Ces choses sont nécessairement dans l'une de ces deux conditions; elles sont ou ne sont pas susceptibles d'appropriation; elles ont, en d'autres termes, ou n'ont pas le caractère de biens; elles sont attribuées, dans le premier cas, à l'Etat comme biens sans maître; il est réservé, dans le second cas, à l'Etat d'en régler l'usage.

Ce n'est donc certainement pas de biens qu'il s'agit dans l'art. 714, mais, tout au contraire, de ces choses qui ne sont et ne peuvent devenir des biens, et que leur nature même, invinciblement rebelle à l'étreinte de toute possession exclusive, soit privée, soit nationale, destine et livre à l'usage de tous; et l'on ne saurait hésiter à considérer comme fausse et erronée l'application de cet article faite par la Cour impériale de Caen aux rivages de la mer qui sont incontestablement des biens, et par leur nature, et par la détermination de la loi. Ce dernier point ne peut faire de doute en présence de l'art. 538, inséré au livre 2, titre 1er; du Code, chap. III, *des biens dans leurs rapports avec ceux qui les possèdent.*

Dévier, en matière de droit domanial, des véritables principes n'est pas, du reste, il faut bien le reconnaître, chose nouvelle; un seul regard jeté sur le passé de nos institutions y découvre des traces trop profondément empreintes des erreurs de nos devanciers.

Elle eût paru bien étrange dans un autre temps, au XVIe siècle notamment, la doctrine que nous combattons, et suivant laquelle les biens non susceptibles de propriété privée ne seraient pas non plus susceptibles de propriété nationale. L'opinion était alors, sans protestation de la part même des plus habiles, fourvoyée dans une direction exactement opposée. S'il est une époque où la science du droit ait été cultivée en France avec éclat, c'est, à coup sûr, celle des Cujas et des Dumoulin; mais la puissance royale, avec laquelle le droit national de propriété était alors identifié, exerçait un prestige immense, et il n'était esprit si sagace et si cultivé, âme si indépendante, qui n'en subît, dans une certaine mesure, l'influence; c'était d'ailleurs encore le temps où le pouvoir croissant des rois était le boulevard du peuple contre les abus de la féodalité, et il en résultait que l'opinion publique était plus favorable que contraire à l'extension des droits de la couronne.

Loin donc d'ériger en principe que ce qui est hors de la portée de la propriété privée ne peut davantage être revendiqué pour la propriété publique, la tendance du moment était d'étendre le droit régalien à tout ce qui n'est pas susceptible de propriété privée, sans tenir suffisamment compte des limites dans lesquelles il est donné à l'homme d'être propriétaire, limites aussi infranchissables cependant pour les peuples, ou pour les souverains délégataires de leurs droits, que pour les individus.

De ce que le gibier n'appartient à personne, on concluait qu'il était de droit régalien, et la chasse était en conséquence réservée, sous des sanctions draconniennes, au roi et à ceux à qui le roi l'avait concédée (1).

C'était apparemment aussi parce qu'aucun particulier ne peut être considéré comme propriétaire d'un art ou d'un métier qu'on monopolisait aux mains du roi la propriété des professions industrielles, en posant en principe que le travail est de droit royal et domanial,

---

(1) Les ordonnances des XVIe et XVIIe siècles sur la chasse sont fondées sur cette doctrine, encore enseignée au XVIIIe siècle par Pothier (*Traité de la propriété*, vol. IX, p. 115, de l'édition publiée en 1846, avec annotations, par Bugnet); et, de nos jours même, les législations de quelques cantons suisses et États d'Allemagne ont conservé au droit de chasse un caractère régalien, en l'attribuant soit à l'État, soit, par concession du pouvoir souverain, aux communes. Qu'on l'applique au profit du monarque, de la nation ou des communes, le principe de l'attribution à la souveraineté du droit de chasse, mène à cette conséquence, dénoncée tant de fois comme irrationnelle et inique, que des pièces de gibier sont, à moins d'autorisation expresse de chasser, tuées en délit par le cultivateur sous la main duquel elles viennent se mettre en ravageant sa récolte. Il semble donc qu'il faut rejeter le principe d'une manière absolue, en reconnaissant que le gibier n'appartient à personne, et que l'usage du gibier, livré à tous par la nature, est, sauf les droits inhérents à la propriété du sol, commun à tous.

avec cette conséquence que nulle industrie ne pouvait être exercée, sinon en vertu de concession émanée du souverain. Ce prétendu principe a été l'un des fondements de l'ordonnance de 1581 et de toute la législation subséquente sur les maîtrises et les jurandes, causes de tant d'actes d'oppression sur tous les points du territoire, et pendant plusieurs siècles.

Attribuer en propriété au roi ou à l'État ce qui n'est susceptible d'appréhension ni de possession exclusive, et, pour donner un corps à ce fantôme de droit de propriété, ériger en crime ou délit la jouissance de ce qui s'offre de soi-même, comme la manne dans le désert, à tous les hommes, c'était faire violence à la nature et décréter contre l'usage des dons du Créateur une interdiction impie autant qu'impuissante, c'était poursuivre, par des moyens odieux, une fin impossible. L'essai de mise en pratique de pareilles théories ne pouvait qu'en faire ressortir l'illusion et l'iniquité, et si quelque chose étonne, c'est que l'expérience ait été continuée aussi longtemps : triste exemple, qui n'est pas le seul dans l'histoire, de ce qu'une erreur de doctrine peut engendrer de maux, et de ce que des abus une fois enracinés peuvent avoir de vitalité.

Mais, en se gardant d'aussi déplorables erreurs, il ne faut pas se rejeter dans un excès contraire, et, parce que les choses non susceptibles de propriété privée n'appartiennent pas nécessairement à l'État, aller jusqu'à dire qu'elles ne peuvent lui appartenir, enfermant ainsi la propriété privée et la propriété nationale dans un même cercle, en dehors duquel il n'existerait que des choses n'appartenant à personne (1).

---

(1) Tel est cependant le fonds de la doctrine, initiée peut-être par Proudhon, soutenue principalement au moins par la grave autorité de son enseignement et de ses écrits, suivant laquelle (voir notamment *Traité du domaine public* nos 16 et 204) les biens non susceptibles de propriété privée désignés dans l'art. 538 et constituant le domaine public tomberaient sous l'application de l'art. 714, et n'appartiendraient, en conséquence, à personne, les biens susceptibles de propriété privée qui forment le domaine aliénable de l'État étant les seuls qui lui appartiennent.

L'erreur de Proudhon n'est autre que celle de la Cour impériale de Caen, et nous croyons l'avoir suffisamment réfutée. Deux observations paraissent cependant utiles :

1° Le Code a établi expressément trois catégories : 1° les choses ne pouvant avoir de propriétaire et n'ayant pas, en conséquence, le caractère de biens (art. 714); 2° les choses ne pouvant avoir de propriétaire que l'État (non susceptibles de propriété privée, art. 538); 3° les choses pouvant appartenir, soit aux particuliers, soit à l'État (biens patrimoniaux ordinaires).

Proudhon a dépassé évidemment la limite de ses pouvoirs d'interprète et fait à la loi une violence ouverte en supprimant la seconde catégorie, qu'il a confondue avec la première, sans s'arrêter aux raisons de fait, très-visibles cependant, qui devraient mettre en garde contre une pareille confusion. La nature des choses, telles que l'air et la lumière, pour lesquelles seules est fait l'art. 714, s'oppose absolument à ce qu'elles soient l'objet d'une possession exclusive. La condition physique des choses auxquelles s'applique l'art. 538 est essentiellement différente. Pour ne parler que des rivages de la mer, non-seulement en France, où l'État peut seul en être propriétaire, ils sont possédés par l'État d'une manière très-réelle et très-effective; mais la vérité est que l'art. 538, en les classant parmi les biens non susceptibles de propriété privée, a plutôt fondé sur une fiction légale le droit exclusif attribué à l'État que constaté un fait rigoureusement exact; car il n'est nullement impossible de les livrer par fractions à la propriété privée; nous en avons un exemple très-près de nous, la propriété des rivages n'étant pas réservée à l'État par les lois anglaises, qui attribuent même, à titre d'alluvion, aux propriétaires joignant la mer les terrains qu'elle délaisse. (Voir Blackstone, *Commentaire sur les lois anglaises*, traduction de Chompré, t. III, p. 107.)

2° Comment Proudhon n'a-t-il pas reculé devant la contradiction dans laquelle il tombait en appliquant (n° 16) aux biens énumérés dans l'art. 538 l'art. 714, relatif aux choses qui n'appartiennent à personne, et enseignant (n° 202) que ces mêmes biens appartiennent à l'être moral appelé le public? Ce n'est pas seulement, au surplus, parce qu'elle est contra-

Les moyens, en effet, dont on dispose pour appréhender et pour retenir étant la mesure naturelle de la capacité d'être propriétaire, on comprend sans peine que cette capacité puisse être plus grande pour les nations agissant avec leur puissance collective que pour les particuliers réduits à leurs forces individuelles.

Si l'on a été, à une autre époque, imprudent jusqu'à l'aveuglement en attribuant à la nation, alors personnifiée dans son souverain, des droits de propriété purement chimériques, dont l'impossible réalisation ne pouvait être tentée que par des actes d'oppression, ce n'est pas une raison pour lui refuser aujourd'hui un droit de propriété d'une réalité incontestable, ne dépassant

---

dictoire que cette dernière proposition est inadmissible. La loi seule a le pouvoir de personnifier des abstractions, et il est impossible de trouver un texte qui ait appelé à l'existence, pour représenter la nation française, une personne fictive nommée le public distincte de la personne fictive nommée l'État. Quelle superfétation plus inutile, d'ailleurs, que la double personnification d'un même intérêt collectif? L'être moral pour lequel les préfets contractent et plaident, qu'on aurait tout aussi bien pu nommer le public, mais qu'on désigne généralement sous le nom d'État, est évidemment la seule personne juridique instituée par la loi pour représenter la nation.

On nous pardonnera d'exprimer le regret dont nous ne pouvons nous défendre en essayant de porter la main et les ciseaux de la critique sur quelques passages d'un livre digne à tant de titres de sa haute réputation; mais plus est imposant le nom sous lequel des erreurs s'abritent, plus il est nécessaire qu'elles soient signalées hautement et sans ménagement. L'éminent professeur de Dijon a peut-être cédé à un sentiment exagéré de réaction contre les anciens abus de la domanialité; outre leurs conséquences directes, les préjugés ont trop souvent ainsi le malheureux effet de susciter dans les meilleurs esprits des contre-préjugés. Ces dernières erreurs ne sauraient toutefois survivre quand l'opinion publique a fait de celles qui les ont provoquées justice assez complète pour que nul ne les défende et que peu s'en souviennent.

nullement sa puissance d'appréhension, exercé enfin et pratiqué de tout temps sans contradiction, comme l'une des nécessités d'une intelligente et bonne gestion de la fortune publique.

Dans un passage trop célèbre du discours sur l'origine de l'inégalité parmi les hommes, Rousseau a osé dire que la terre n'appartient à personne et que l'usage en est commun à tous. C'était vouloir réduire tout ce que les hommes possèdent à titre de biens à la condition de ces choses non susceptibles d'appropriation régies par l'art. 714 du Code; c'était nier d'une manière absolue le droit de propriété, base de l'ordre social.

Nier le droit de propriété de l'Etat, en prétendant faire passer sous le régime de l'art. 714 les biens qui composent spécialement son domaine, est un paradoxe, bien moins dangereux sans doute, mais tout aussi insoutenable en présence des textes sainement compris du Code.

Il faut, en répudiant absolument une combinaison des art. 538 et 714, aussi contraire à leurs termes qu'à leur esprit, reconnaître que les art. 539, 715, 538, d'une part, et l'art. 714, d'autre part, ont des sphères d'application parfaitement distinctes, et séparées de plus que la distance des pôles par la différence radicale existante entre les choses susceptibles et non susceptibles de propriété, différence qu'on ne peut perdre de vue sans tomber dans les plus monstrueuses, les plus fatales erreurs; il faut reconnaître que les choses non susceptibles de propriété sont les seules qui n'appartiennent à personne, et soient livrées à l'usage commun sauf règlement de cet usage; que les choses susceptibles de propriété, communément désignées sous le nom de biens, ont toutes et toujours, par la volonté expresse de la loi, un propriétaire, soit un particulier, un membre de la grande communauté qui constitue la nation, soit la nation elle-même; et que, parmi les biens enfin, il en est de non susceptibles de propriété privée, ou qui ne peuvent avoir de propriétaire que la nation ou l'Etat.

La doctrine et la jurisprudence ne peuvent manquer de se prononcer contre une interprétation évidemment erronée des art. 538 et 714 du Code, et de rendre à ces articles leur véritable sens.

Paris. — Imprimerie de Cusset et Cᵉ, 26, rue Racine.

Paris. — Imprimerie de Cusset et Ce, rue Racine, 26.

www.ingramcontent.com/pod-product-compliance
Ingram Content Group UK Ltd.
Pitfield, Milton Keynes, MK11 3LW, UK
UKHW032006260826
14628UKWH00005B/2312

9 782013 555074